www.entdecke.de

Entdecke den Amazonas-Regenwald

Lothar Staeck

Titelbild: Tukan, Jaguar
Rückseite: Grüner Hundskopfschlinger (Jungtier), Makifrosch

Seite 1: Arafedern
Seite 2/3: Abendstimmung am Amazonas

3. Auflage 2024

ISBN: 978-3-86659-254-4

An der Kleimannbrücke 39/41
48157 Münster
Tel.: 0251-13339-0
Fax: 0251-13339-33
E-Mail: verlag@ms-verlag.de
Home: www.ms-verlag.de
Geschäftsführung: Matthias Schmidt
Layout: Tanja Denker
Lektorat: Kriton Kunz & Heiko Werning
Druck: Drusala, Dobrá

Titelbild: Det-anan/Shutterstock, Inc. (oben)
Anan Chincho/Shutterstock, Inc. (unten)
Evgenia Bolyukh/Thinkstock Images International (Hintergrund)
Rückseite: Audrey Snider-Bell/Shutterstock, Inc. (oben)
Patrick K. Campbell/Shutterstock, Inc. (unten)
Vorsatz: Pete Oxford/Minden Pictures/Arco Images GmbH

Thinkstock Images International
Seite 2/3: stillwords
Seite 15: oben: Cathy Keifer
Seite 16: Mitte: FLAVIOCONCEICAOFOTOS
Seite 17: unten: PaulinaG87
Seite 23: oben: Holly Kuchera
Seite 29: unten: webguzs
Seite 30: Mitte: Eric Isselée
Seite 30: unten: kikkerdirk
Seite 31: oben: kikkerdirk
Seite 33: unten: dirk ercken
Seite 36: oben: amwu
Seite 38: oben: webguzs
Seite 38: unten: Eric Isselée
Seite 42: oben: Josheleny
Seite 44: unten: Tom Brakefield
Seite 54: Bananenstaude: Anueing
Seite 54: Bananenblüte: babyfotothai
Seite 64: PrinPrince

OKAPIA
Seite 17: oben: imageBROKER/
Harald von Radebrecht
Seite 32: oben: imageBROKER/
Guenter Fischer
Seite 37: unten: Pete Oxford/
Danita Delimont Agency

Shutterstock, Inc.
Seite 4/5: Marcos Amend
Seite 6/7: oben: guentermanaus
Seite 14: unten: Ana Vasileva
Seite 18: unten: Dr. Morley Read
Seite 19: unten: Tanya Puntti
Seite 22: oben: guentermanaus
Seite 23: Mitte: amskad
Seite 23: unten: links: nanka
Seite 23: unten: rechts: Rosa Jay
Seite 25: unten: l i g h t p o e t
Seite 26: unten: jbmake
Seite 27: oben: Eric Isselee
Seite 30: oben: Dirk Ercken
Seite 31: unten: links: Dirk Ercken
Seite 31: unten: rechts: reptiles4all
Seite 37: oben: links: Rich Lindie
Seite 37: oben: rechts: Dr. Morley Read
Seite 39: oben: Dr. Morley Read
Seite 39: unten: Patrick K. Campbell
Seite 41: oben: Dr. Morley Read
Seite 41: unten: Dr. Morley Read
Seite 42: unten: moOok
Seite 44: oben: Michael Meshcheryakov
Seite 45: unten: Vadim Petrakov
Seite 46: oben: Erni
Seite 61: guentermanaus

Peru Adventure Tours
Seite 6: oben: links: Saul Ceron
Seite 6: unten: Saul Ceron

WILDLIFE Bildagentur GmbH
Seite 32: unten: P. Oxford
Seite 47: rechts: P. Oxford
Seite 48: oben: M. Carwardine

Arco Images GmbH
Seite 1: Minden Pictures/Michael Durham
Seite 10: imageBROKER/Harald von Radebrecht
Seite 33: oben: NPL/Peter Oxford
Seite 34: oben: NPL/Murray Cooper
Seite 34: unten: NPL/Murray Cooper
Seite 35: oben: Minden Pictures/Hans Overduin/NIS
Seite 35: unten: NPL/Murray Cooper
Seite 45: oben: NPL/Daniel Gomez
Seite 49: unten: NPL/Murray Cooper
Seite 50: oben: Minden Pictures/Pete Oxford
Seite 50: unten: Minden Pictures/Sean Crane
Seite 51: Minden Pictures/Pete Oxford

Alle nicht anders gekennzeichneten Bilder sind vom Autor.

Inhaltsverzeichnis

Der Amazonas, ein wahrer Gigant

Die riesigen Ausmaße des Amazonas lassen sich aus der Luft erahnen. Hier siehst Du, wie der Schwarzwasser führende Rio Negro bei Manaus in den Amazonas mündet .

Der Amazonas ist ein geheimnisvoller, mystischer Fluss, der ebenso wie die angrenzenden Regenwälder mit Sicherheit auch in Zukunft noch für zahlreiche Überraschungen gut ist. Viele Tier- und Pflanzenarten dieses riesigen Gebietes warten noch auf ihre Entdeckung, und selbst völlig isoliert lebende Gruppen von Ureinwohnern werden immer wieder entdeckt, die bislang keinen Kontakt zur modernen Zivilisation hatten.

Der gewaltige Strom durchfließt den südamerikanischen Kontinent in Höhe des Äquators von West nach Ost. Mit seinen rund 6.868 Kilometern

Einfach gigantisch!

	Amazonien	Deutschland
Fläche	7 Millionen Quadratkilometer (19 Mal größer als Deutschland)	357.168 Quadratkilometer
Entfernungen (Luftlinie)	Iquitos bis zur Mündung 4.200 Kilometer	Flensburg bis München 753 Kilometer
Regenmenge pro Jahr	2.500, manchmal 6.000 oder bis zu 10.000 Liter pro Quadratmeter	rund 750 Liter pro Quadratmeter

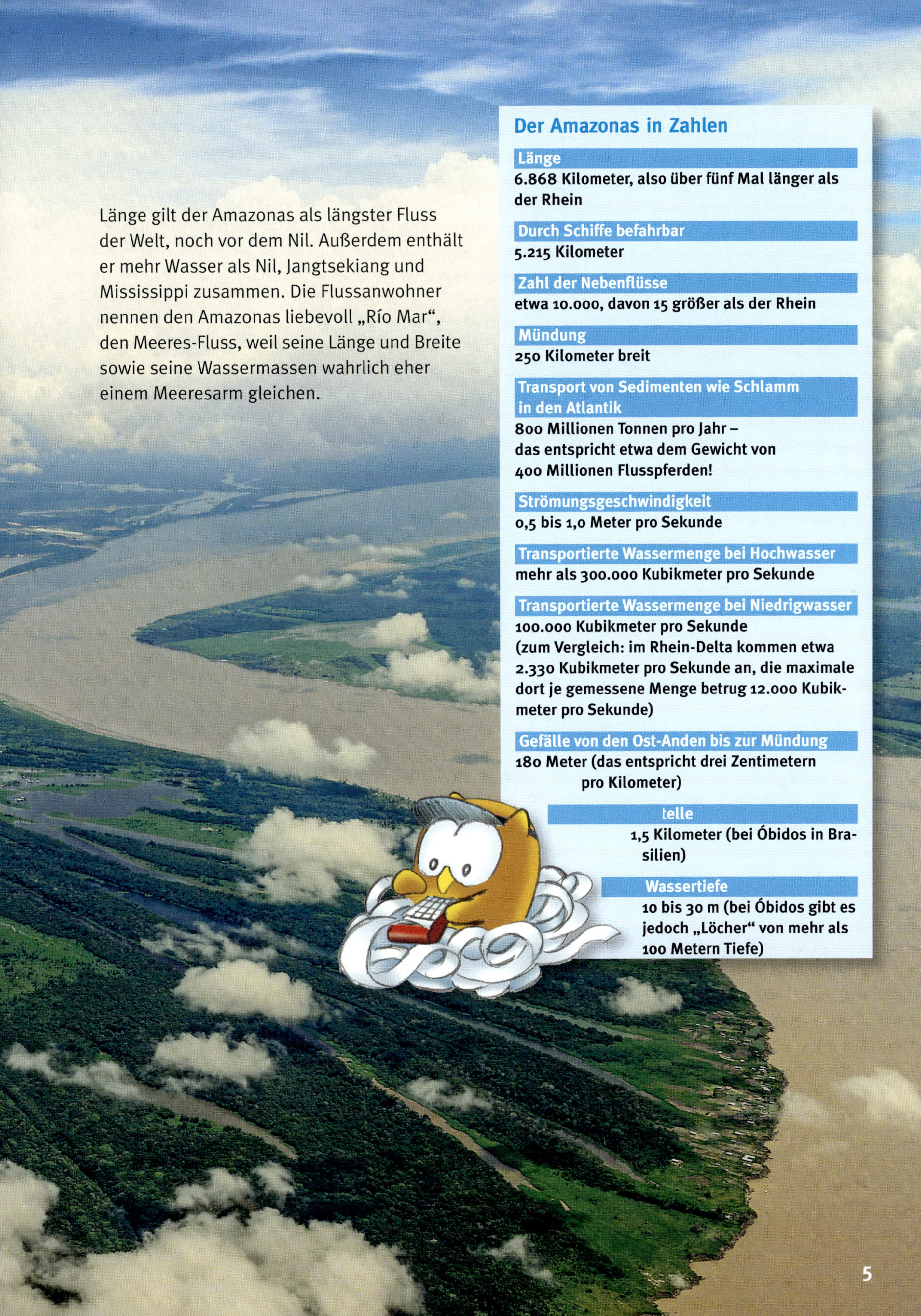

Länge gilt der Amazonas als längster Fluss der Welt, noch vor dem Nil. Außerdem enthält er mehr Wasser als Nil, Jangtsekiang und Mississippi zusammen. Die Flussanwohner nennen den Amazonas liebevoll „Río Mar", den Meeres-Fluss, weil seine Länge und Breite sowie seine Wassermassen wahrlich eher einem Meeresarm gleichen.

Der Amazonas in Zahlen

Länge
6.868 Kilometer, also über fünf Mal länger als der Rhein

Durch Schiffe befahrbar
5.215 Kilometer

Zahl der Nebenflüsse
etwa 10.000, davon 15 größer als der Rhein

Mündung
250 Kilometer breit

Transport von Sedimenten wie Schlamm in den Atlantik
800 Millionen Tonnen pro Jahr – das entspricht etwa dem Gewicht von 400 Millionen Flusspferden!

Strömungsgeschwindigkeit
0,5 bis 1,0 Meter pro Sekunde

Transportierte Wassermenge bei Hochwasser
mehr als 300.000 Kubikmeter pro Sekunde

Transportierte Wassermenge bei Niedrigwasser
100.000 Kubikmeter pro Sekunde (zum Vergleich: im Rhein-Delta kommen etwa 2.330 Kubikmeter pro Sekunde an, die maximale dort je gemessene Menge betrug 12.000 Kubikmeter pro Sekunde)

Gefälle von den Ost-Anden bis zur Mündung
180 Meter (das entspricht drei Zentimetern pro Kilometer)

telle
1,5 Kilometer (bei Óbidos in Brasilien)

Wassertiefe
10 bis 30 m (bei Óbidos gibt es jedoch „Löcher" von mehr als 100 Metern Tiefe)

Erst 1996 wurde die Quelle des Amazonas entdeckt

Das Opernhaus von Manaus, einer Stadt am Amazonas

Seine Quelle liegt 5.168 Meter hoch in den peruanischen Anden. Immer neue Bäche und Flüsse münden in seinen Flusslauf, der von diesem gewaltigen Gebirge hinunterströmt. Dieser Wasserlauf trägt zunächst viele verschiedenen Namen, bis sich schließlich der Name Amazonas auf der Landkarte findet. In Iquitos, einer Großstadt in Peru, beträgt die Breite des Amazonas bereits fast 2.000 Meter, also zwei Kilometer. Bei der Millionen-Metropole Manaus in Brasilien mündet der Schwarzwasser-Strom Rio Negro in den Amazonas, der hier mittlerweile fünf Kilometer breit ist. Die Stadt liegt nur 15 Meter über dem Meeresspiegel, und dennoch muss der Amazonas von hier aus noch weitere 1.730 Kilometer bis zu seiner Mündung in den Atlantik zurücklegen.

Durch die unvorstellbar großen Regenmengen, die im Amazonasgebiet niedergehen, steigt der Flusspegel bei Manaus gegen Ende der Hochwasserzeit um etwa zehn Meter. Die Strömungsgeschwindigkeit des abfließenden Wassers beträgt deshalb trotz des geringen Gefälles bei Hochwasser fast 18 Kilometer pro Stunde.

Hier siehst Du das Gebirge, in dem der Amazonas entspringt

Atlantischer Ozean
Pazifischer Ozean
Äquator
Panama
Panama
Caracas
Venezuela
Georgetown
Guyana
Paramaribo
Surinam
Cayenne
Französisch-Guyana
Bogotá
Kolumbien
Boa Vista
Quito
Ecuador
Negro
Amazonas
Amazonas
Belém
Sao Luis
Santarém
Manaus
Iquitos
Marañón
Leticia
Peru
Xingu
Madeira
Brasilien
Ucayali
Porto Velho
Tapajós
Tocantins
Lima
Cuzco
Bolivien
Brasilia
La Paz
SÜDAMERIKA
Sicuani
Ayaviri
Juliaca
Titicacasee
Quelle
Puno
Arequipa
Camaná
Mollendo
Moquegua
Zum Vergleich
So „groß“ ist Deutschland.
0 km
300 km
600 km
900 km

Weißwasserflüsse sind durch Ablagerungen von Sand und Kies aus den Anden so gefärbt

Drei verschiedene Wasserfarben

Das Wasser des Amazonas erscheint lehmgelb und trübe. Deshalb kann man darin nur etwa zehn bis fünfzig Zentimeter weit sehen. Wie kommt das? Seine Zuflüsse entspringen in Gebirgen, meist in den Anden. Dort werden die feinen Sand- und Kiesablagerungen aus Gletschern, Berghängen und Schuttfeldern in unvorstellbaren Mengen mit dem Regen in die Quellflüsse des Amazonas geschwemmt.

Nicht alle Wasserläufe im Amazonas-Regenwald sind jedoch solche sogenannten Weißwasser-Flüsse. Manche führen auch kristallklares

Wo Schwarzwasser in Weißwasser fließt, siehst Du den Unterschied überdeutlich, wie hier an der Mündung des Rio Amaturá (Schwarzwasser) in den Rio Solimoes (Weißwasser)

Klarwasserflüsse sind fast so klar wie Meereswasser. Nur einige Algen lassen es leicht grün erscheinen. Hier siehst Du den Rio Tapajós.

Das braune Wasser eines Schwarzwasserflusses

Wasser, fast ohne Schwebstoffe. Hier herrschen Sichtweiten von über vier Metern. Die Quellgebiete dieser Klarwasser-Flüsse liegen in uralten Mittelgebirgen nördlich und südlich des Amazonas. Ein Beispiel für einen solchen Fluss ist der Rio Tapajós (siehe Karte Seite 7).

Schließlich gibt es noch Flüsse, die wie der Rio Negro Schwarzwasser führen („negro“ bedeutet auf Spanisch und Portugiesisch „schwarz“). Ihr Wasser erscheint im Flussbett dunkel, in flachen Uferbereichen eher teefarben. Hier beträgt die Sichttiefe zwischen anderthalb und zweieinhalb Metern. Das Wasser solcher Schwarzwasserflüsse kommt aus solchen Regionen des Amazonasbeckens, die monatelang unter Wasser stehen. Sie sind arm an Schwebteilchen, aber in den Blättern und Böden enthaltene Humusstoffe verleihen ihnen ihre Färbung. Solches Wasser ist chemisch gesehen sehr sauer, sodass Mückenlarven hier nicht überleben können.

Sind die Wälder in der Regenzeit überschwemmt, ist nur noch mit dem Boot ein Durchkommen möglich

Unterschiedliche Landschaften

Während der Regenzeit tritt der Amazonas auf seiner gesamten Länge über die Ufer und überschwemmt das angrenzende Land auf beiden Seiten auf einer Breite von bis zu 50 Kilometern, und das für mehr als sieben Monate. Insgesamt bedecken diese Überschwemmungsgebiete in Brasilien 250.000 Quadratkilometer, also doppelt so viel wie Österreich und die Schweiz zusammen!

Dieser Fadenpipra schaut erstaunt auf sein überflutetes Revier, das vor Kurzem noch trocken war. Das Männchen ist außerordentlich farbenprächtig. Mit seiner schwarz-rot-gelben Färbung erinnert dieser Vogel an die Nationalflagge Deutschlands, weshalb ich ihn auch gerne als „Deutschen Vogel“ bezeichne.

Ein Querschnitt durch das Amazonastal

In dieser Zeit entstehen riesige, nährstoffreiche Überschwemmungswiesen, sogenannte Várzeas, in denen zwischen den Wasserpflanzen unzählige Jungfische heranwachsen. In diesen ruhigen und strömungsfreien Wasserflächen gedeiht auch die größte Seerose der Welt, die Riesen-Seerose, mit ihren tellerartigen Schwimmblättern, die bis zu zwei Meter Durchmesser erreichen. Ihre prächtigen Blüten gehen mit der Abenddämmerung schneeweiß auf, wobei sie einen intensiven Duft verströmen. Am nächsten Morgen beginnen sich die Blüten hellrosa umzufärben, bevor sie am zweiten Abend tief dunkelrot verblühen und untertauchen. Auf Erhöhungen der Várzeas und auf Uferböschungen wachsen vor allem die schlanken Ameisenbäume und andere an Hochwasser angepasste Baumarten.

Der weiter weg von den Flüssen wachsende Regenwald wird als Terra-Firme-Wald bezeichnet. Das bedeutet auf Deutsch: Wald auf festem Boden. Er liegt so hoch, dass er auch während der Regenzeit niemals unter Wasser steht. Hier wachsen die vielen verschiedenen Baumarten, für die der Amazonas-Regenwald so berühmt ist.

Riesen-Seerose

Eine typische Várzea mit Blättern der Riesen-Seerose und anderen Schwimmpflanzen

Terra-Firme-Wald ist auch in der Regenzeit nie überschwemmt

Im Igapó, dem Überschwemmungswald, steht alles monatelang unter Wasser

Eine weitere beeindruckende Landschaft ist der Überschwemmungswald, der Igapó. Hier stehen die Bäume bis zu neun Monate im Jahr im düsteren, kaffeefarbenen Wasser der Lagunen und Überschwemmungsgebiete der Schwarzwasserflüsse. Bei Hochwasser reicht das Wasser bis zu den Baumkronen, sodass in dieser Zeit Fische dort fressen, wo sonst Affen und Vögel ihre Futterplätze haben.

Solche Brettwurzeln sind typisch für die Baumriesen Amazoniens

Auf in den Regenwald!

Du musst Dir den Regenwald nicht undurchdringlich vorstellen. Weil durch die dichten Baumkronen nur extrem wenig Sonnenlicht den Urwaldboden erreicht, wachsen auf dem Boden kaum krautige Pflanzen und Sträucher. Darum ist es hier auch nie sehr hell, sondern etwa so wie bei uns 40 Minuten vor der Dämmerung, selbst wenn über den Baumwipfeln des Regenwalds die Sonne scheint. Am Waldboden weht auch kaum Wind.

Gefleckter Jäger

Der Jaguar ist das größte Raubtier des Amazonas-Regenwalds – ein Männchen kann bis zu 100 Kilogramm wiegen und 185 Zentimeter lang werden – dazu kommt noch der Schwanz von bis zu 75 Zentimetern Länge.

Der Jaguar besitzt eine ungeheure Beißkraft, doppelt so groß wie die des Löwen und damit die stärkste aller Katzen überhaupt. Er kann sogar Schildkrötenpanzer knacken oder größere Beutetiere mit einem Biss seiner langen Eckzähne durch die Schädeldecke töten. Jaguare sind Einzelgänger, auch am Tag aktiv, können hervorragend klettern und schwimmen. Sie erbeuten Nabelschweine (Pekaris), Tapire, Agutis, Wasservögel und sogar kleinere Kaimane. Wie auch beim afrikanischen Leopard gibt es gelegentlich gänzlich schwarze Exemplare.

Auf Expedition in den Regenwald

Wenn Du vom Ufer des Amazonas aus in den Regenwald hineingehst, musst Du Dich vorbereiten, um Dich zu schützen:

Feste, knöchelhohe Schuhe sind wichtig, denn der Boden ist uneben, Wurzeln ragen heraus, und es ist meist schlammig.

Ein langärmeliges Hemd und lange Hosen schützen Dich vor blutsaugenden Insekten und den langen Stacheln mancher Pflanzen.

Nimm eine Machete (sprich: Matschehte) mit, um Zweige und Lianen abzuschlagen, die den Weg versperren. So vermeidest Du die direkte Berührung mit Pflanzen, auf denen beißende Ameisen oder Schlangen lauern können.

Das Klima ist tropisch feuchtwarm. Die Temperatur beträgt das ganze Jahr über im Durchschnitt rund 25 Grad Celsius.

Reibe Dein Gesicht sowie Hals, Nacken, Arme und Beine mit Mückenschutzmittel ein.

Die Zikade ist gerade aus ihrer Puppenhülle geschlüpft, die Du oben noch siehst

Ab und zu singt ein Vogel, mal melodiös, mal mit lauten, schnell aufeinander folgenden Tönen, beispielsweise der wunderschöne Tukan. Hier und da ruft auch eine Gruppe Affen, die damit kundtut, dass hier ihr Revier ist. Besonders eindrucksvoll sind auch die lärmenden, aus dem Nichts anschwellenden Konzerte der Zikaden. Bei ihnen geben nur die Männchen Laute von sich. Sie streichen mit einem Hinterbein über ihren Flügelrand und erzeugen dabei einen gleich bleibenden, lauten Ton, der nach einigen Minuten abrupt abbricht. Dieser „Gesang“ kann sich eine Zeitlang in mehr oder weniger regelmäßigen Abständen wiederholen.

Ein Tukan schaut neugierig von seinem Ast herunter

Einige Lianenarten werden im Lauf von Jahrzehnten so dick wie der Oberschenkel eines Mannes

Faszinierend sind im Urwald die Baumriesen, die wie eine Kathedrale über den Dächern einer Stadt das grüne Kronendach des Waldes überragen. Sie können weit mehr als 30 oder 40 Meter Höhe erreichen, etwa der Kapokbaum. Solche Baumriesen sind wahre Naturwunder. Die Oberfläche all ihrer Blätter zusammengenommen ist zwölf Mal größer als die Fläche ihrer Krone! Sie sind meist mehrere hundert Jahre alt und bieten auf ihren Stämmen und Ästen Wohnraum für tausende anderer Pflanzen, beispielsweise Lianenarten. Das sind Kletterpflanzen, die sich mit kabelartigen, meist dünnen und sehr biegsamen Sprossen den mächtigen Stamm emporwinden. Hoch oben in den Wipfeln der Bäume entwickeln sie im Alter ihre eigene Blattkrone.

Die Augenflecken auf den Flügeln vieler Schmetterlinge sollen Feinde erschrecken

Der Fluss steigt und hat die Wiesen im Vordergrund großteils überschwemmt

Ein mächtiger Baumriese

Der Morphofalter ist einer der auffälligsten Schmetterlinge im Regenwald

Aufsitzerpflanzen oder Epiphyten wie dieses Ananasgewächs schädigen den Baum nicht, sind also keine Schmarotzer

Auf der Rinde der Baumstämme sitzen in allen Höhen Moose und Farne, und in den Achseln zwischen den Ästen und dem Stamm sowie auf den Ästen selbst wachsen hunderte unterschiedliche Aufsitzerpflanzen. Diese Epiphyten, wie man sie auch nennt, haben sich dort oben angesiedelt, um möglichst viel Sonnenlicht abzubekommen. Sie sind nicht mit ihren Wurzeln im Boden verankert, sondern klammern sich an der Rinde der Trägerpflanze fest. Zu solchen Aufsitzerpflanzen gehören beispielsweise Geweihfarne, Ananasgewächse, die auch Bromelien heißen, und Orchideen.

Alle diese Pflanzen sind zwar „Baumbesetzer" und wachsen dort, ohne dass es ihre Trägerpflanze verhindern kann. Doch Schmarotzer sind sie nicht – sie ernähren sich selbstständig und nicht auf Kosten des Baumriesen.

Diese schöne Orchidee ist ebenfalls eine Aufsitzerpflanze und die Nationalblume Brasiliens

Die Große Korallenschlange ist eine Giftnatter des Amazonastieflands

Erst im Größenvergleich mit einem Menschen lässt sich erahnen, wie riesig dieser Baum und seine Brettwurzeln sind

Die Größe der mächtigen Brettwurzeln dieser Baumgiganten kann man erst ermessen, wenn ein Mensch daneben steht. Diese Brettwurzeln verankern den viele, viele Tonnen schweren Baum auf dem Boden, selbst bei schweren Gewitterstürmen. Im Urwaldboden stauen sich die großen Regenmengen, sodass sich dort keine Pfahlwurzeln wie bei unseren Waldbäumen entwickeln können. Denn bei Staunässe fehlt im Boden der Sauerstoff, den die Wurzeln für die Atmung benötigen. Der Urwaldboden ist zudem extrem nährstoffarm. All das sind Gründe dafür, warum die Wurzeln brettartig wachsen.

Untersuchungen haben ergeben, dass im Amazonas-Regenwald auf einer Fläche von 100 mal 100 Metern, also etwas größer als ein Fußballfeld, bis zu 450 verschiedene Baumarten gedeihen. Diese Arten konnten sich in vielen Millionen Jahren ohne Frost und Eis entwickeln. In Europa hingegen herrscht schon immer ein stark wechselndes Klima, und vor rund 10.000 Jahren gab es die letzte Eiszeit. Sie vernichtete fast das gesamte pflanzliche Leben. So verwundert es nicht, dass in unseren Wäldern nur höchstens zehn verschiedene Baumarten auf 100 mal 100 Metern wachsen.

Das Tier mit dem Rüssel

Dieses merkwürdige Tier ist der Flachlandtapir. Er kann über zwei Meter lang, einen Meter hoch und 200 Kilogramm schwer werden. Der nachtaktive Einzelgänger schwimmt und taucht mühelos. Er frisst Landpflanzen ebenso wie Wasserpflanzen. Samen werden oft nicht verdaut und keimen aus, nachdem sie im Kot auf den Urwaldboden gefallen sind – so trägt der Tapir dazu bei, dass sich seine Nahrungspflanzen verbreiten.

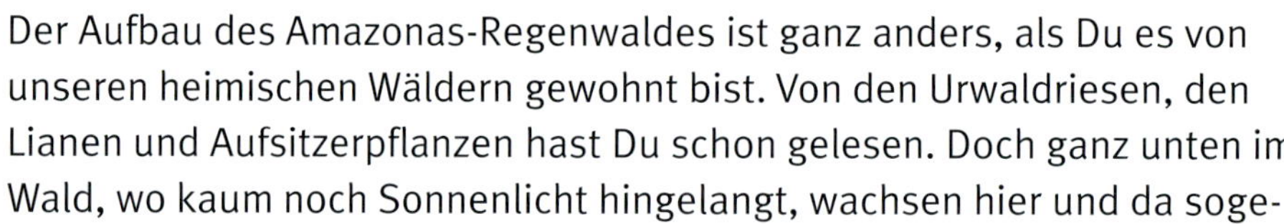

Stockwerke im Regenwald

Der Aufbau des Amazonas-Regenwaldes ist ganz anders, als Du es von unseren heimischen Wäldern gewohnt bist. Von den Urwaldriesen, den Lianen und Aufsitzerpflanzen hast Du schon gelesen. Doch ganz unten im Wald, wo kaum noch Sonnenlicht hingelangt, wachsen hier und da sogenannte Schattenpflanzen auf dem Boden. Manche davon haben hübsch gefärbte Blätter mit hellen, elfenbeinfarbigen Flecken, Streifen und Einsprengseln, ja sogar richtige Muster kannst Du erkennen. Früher hatten Biologen dafür keine richtige Erklärung. Biologen sind Wissenschaftler, die sich mit Tieren und Pflanzen beschäftigen. Heute jedoch wissen sie, dass diese Muster die Umrisse des Blattes verwischen, sodass es im Dämmerlicht am Urwaldboden für Blätter fressende Insekten nicht so leicht oder gar nicht zu erkennen ist. So können diese Blätter besser überleben. Da für uns solche Blätter hübsch aussehen, werden einige dieser Pflanzenarten inzwischen sogar in Gärtnereien gezüchtet und als Zimmerpflanzen verkauft.

Diese Blätter täuschen durch ihre Muster vor, dass sie schon alt und abgefressen sind

Anders als in unseren Wäldern gibt es im Amazonas-Regenwald dagegen fast keine Sträucher. Dafür reicht die Lichtmenge im untersten Stockwerk des Regenwaldes nicht aus. Allerdings keimen in Erdbodennähe die Samen vieler Baumarten, die dann zu schlanken Schösslingen heranwachsen.

Aufbau des Amazonas-Regenwaldes

Sie sind kaum verzweigt und hören mit etwa einem Meter Höhe erst einmal auf zu wachsen. Im Dämmerlicht verharren sie so in einer Art Schlafstellung, die nur beendet werden kann, wenn Sonnenstrahlen sie direkt erreichen. Ob das jedoch eines Tages passiert, ist ungewiss. Denn eine Lichtung oder Bresche im Urwald, durch die Sonnenschein dringen kann, entsteht ja nur dann, wenn ein Baumriese aus Altergründen oder in einem Sturm umstürzt und dabei viele andere benachbarte Bäume mitreißt, oder auch durch ein Feuer.

Zwergenhaft verbleibender Baumschössling am Boden des Urwaldes

An lichtdurchfluteten Uferbereichen des Amazonas, beispielsweise auf Sandbänken, keimen sogenannte Pionierpflanzen, also Erstbesiedler, die innerhalb eines Jahres bis zu sechs Meter hoch wachsen können. Jedoch leben diese meist schlank bleibenden Bäume auch nur 30 oder höchstens 50 Jahre, dann sterben sie ab. Durch den Humus, der sich aus ihren verrottenden Blättern und Stämmen am Boden bildet, haben sie dann jedoch den Boden bereitet für nachfolgende Baumarten mit einer weitaus höheren Lebenserwartung.

Aufbau und Zusammensetzung des Amazonas-Regenwaldes vom Erdboden bis zur Höhe sind also anders als bei unseren Wäldern, wenngleich hier wie dort alle Pflanzen zum Licht streben. Der Urwald besteht somit aus drei Hauptstockwerken: In Erdbodennähe gibt es einige krautige Pflanzen und Sträucher, sie bilden das erste Stockwerk. Das zweite Stockwerk besteht aus vielen halb hohen Bäumen, die ein mehr oder weniger einheitliches Kronendach ausbilden. Die Baumriesen („Kathedralen") bilden dann mit ihren Wipfeln das dritte Stockwerk, das die „normalen" Bäume weit überragt.

Ameisenbäume sind schlanke Pionierbäume an Orten mit starker Sonneneinstrahlung

Einer braucht den anderen

Beziehung zwischen dem Paranussbaum, der Prachtbiene, einer Orchideenart und dem Aguti

Zwischen den unzähligen Pflanzen und Tieren im Urwald bestehen vielfältige, für uns Menschen oft gar nicht erkennbare Beziehungen, die für das Überleben einzelner Arten zwingend notwendig sind. Ein Beispiel dafür möchte ich Dir vorstellen. Dann verstehst Du auch, warum der Urwald mehr ist als einfach alle seine Pflanzen und Tiere für sich betrachtet und warum man einen in Millionen von Jahren gewachsenen Urwald nicht einfach nachpflanzen kann, wenn man ihn erst einmal abgeholzt hat.

Der Paranussbaum ist ein Baumriese des Amazonas-Regenwaldes, der über 40 m hoch werden kann. Seine Blüten sind so gebaut, dass im gesamten Urwald nur die Weibchen bestimmter Prachtbienen in der Lage sind, mit ihrer langen Zunge an den schmackhaften Nektar zu gelangen. Von ihrem Blütenbesuch nehmen sie auch viele winzige Pollenkörner in ihrem Haarkleid mit. Während die Biene an der nächsten Blüte trinkt, fallen einige dieser Pollenkörner ab und bestäuben diese Blüte. Dadurch wird sie befruchtet, eine Paranuss kann sich entwickeln, und so pflanzt sich der Baum fort.

Zwischen 16 und 35 Paranüsse, die bei uns als Leckerbissen verkauft werden, passen in die große kugelrunde Kapselfrucht hinein. Sie benötigt 24 Monate, bis sie reif ist und vom Baum fällt.

Teure Blüte

Der Paranussbaum ist einzigartig auf unserer Welt und wächst nur im Amazonas-Regenwald. Als der berühmte deutsche Naturforscher Alexander von Humboldt vor etwa 200 Jahren diese Region erforschte, bot er demjenigen, der ihm die große, gelbe Blüte dieses Baumes für seine Sammlung brächte, eine Unze (also 28,3 Gramm) Gold, heute etwa 1.000 Euro – so wertvoll erschien sie ihm, denn sie war in Sammlungen äußerst selten. Doch er hatte Pech, denn die Bäume blühten gerade nicht.

Solche Orchideen liefern den Duft, mit dem sich die Prachtbienen parfümieren

Die weiblichen Prachtbienen wiederum paaren sich nur dann mit einem Männchen, wenn dieses sich mit dem attraktiven Duft einer ganz bestimmten Orchideenart parfümiert hat, die auf anderen Bäumen wächst. Denn nur einen Schwarm aus derart parfümierten Bienen können die Weibchen in der Weite des Regenwalds überhaupt finden. Ohne diese Orchideenart gäbe es also die Prachtbienen nicht und ohne die Bienen keine Paranussbäume.

So sind diese drei völlig verschiedenen Lebewesen für immer aufeinander angewiesen. Stirbt die eine Art aus, gehen auch die beiden anderen verloren. Bis heute kann man den Paranussbaum wegen der komplizierten Dreiecksbeziehung mit den Prachtbienen und der Orchidee nicht in Plantagen anpflanzen.

Prachtbienen sind rund ein Drittel kleiner als unsere Honigbienen und fantastisch metallisch grün gefärbt

Es gibt aber sogar noch eine vierte Art, die hier mitmischt: Die schmackhaften und nährstoffreichen Samen würden viele Tiere gerne fressen, doch nur einer kann die harte Fruchtschale mit seinen starken Schneidezähnen öffnen: das Aguti, ein Nagetier. Wie bei uns das Eichhörnchen, vergräbt es die Samen im Boden, um einen Vorrat anzulegen, und trägt so zur Verbreitung des Paranussbaumes bei. Denn aus vergessenen Samen keimen neue Bäume.

Solche für uns Menschen unsichtbaren Beziehungen gibt es viele im Amazonas-Regenwald. Wir kennen sie längst noch nicht alle. Wenn man im Urwald zwischen all diesen voneinander abhängigen Lebewesen einen Faden spannen würde, ergäbe sich ein gigantisches Netz, das einem riesigen Spinnennetz ähnelte.

Das Aguti ist als einziges Tier in der Lage, die harte Fruchtschale der Paranuss zu öffnen

Schlaue Kletterkünstler

Weite Sprünge sind für Totenkopfäffchen kein Problem

Sie sind clever, leben gemeinschaftlich in Familientrupps oder größeren Gruppen und kommen auch schon einmal neugierig in die Nähe der Dörfer: Affen! Von diesen sympathischen Tieren gibt es im Amazonas-Regenwald viele verschiedene, immer aber sehr interessante Arten.

Im Dunkeln unterwegs: Nachtaffen

Diese einzigen nachtaktiven Affen Südamerikas sind etwa so groß wie ein Eichhörnchen. Tagsüber schlafen sie in ihren Baumhöhlen. Da sie bei Tag schlecht sehen können, springen sie nicht blindlings davon, wenn sie überrascht werden, sondern bleiben erst einmal sitzen. Sie leben stets paarweise, und wenn sie Junge haben, meist Zwillinge, bewohnen sie mit diesen zusammen ihre Baumhöhle – so lange, bis die Jungtiere selbstständig geworden sind.

Nachtaffenfamilie in ihrer Baumhöhle

In der Abenddämmerung werden sie aktiv. Ihre Augen sind besonders groß und wirken im Dunkeln wie ein Nachtfernglas, die Tiere können also nur schwarzweiß sehen. Das stört aber nicht weiter, da nachts Farben ohnehin kaum zu erkennen sind. Dafür sind ihr Gehör und ihr Tastsinn jedoch besonders gut entwickelt. Das ist sehr hilfreich

Auch Kapuzineraffen und viele weitere Affenarten leben im Amazonasgebiet

bei der Jagd im Dunkeln auf Insekten und Spinnen. Nachtaffen erbeuten aber auch Baumschnecken, Baumfrösche und kleine Eidechsen oder plündern gern Vogelnester. Auf ihrem Speiseplan stehen zudem Beeren und Nüsse, sie lecken sogar den Nektar aus passenden Blüten. In der Morgendämmerung veranstalten sie gern mächtig dröhnende Brüllkonzerte, um ihr Revier zu markieren.

Neugier pur: Totenkopfäffchen

Wenn man durch den Amazonas-Regenwald wandert, bemerkt man Affen meist nur dann, wenn plötzlich ohne jede Luftbewegung Blätter und Zweige rascheln oder hinunterfallen. Schaut man dann nach oben in Richtung Baumkronen, sieht man die Tiere fast geräuschlos durch das Blattgewirr wandern, kaum erkennbar im grünlichen Dämmerlicht. Besonders neugierig aber sind Totenkopfäffchen. Sie trauen sich auch mal in die Nähe von Menschen, besonders, wenn ein Dorf in der Nähe ist und sie ihren Anblick gewohnt sind. Sie sind eine der häufigsten Affenarten des Amazonas-Regenwaldes.

Totenkopfäffchen sind extrem neugierig! Du kennst diese Art sicher von „Herrn Nilsson“, dem Äffchen aus den Pippi-Langstrumpf-Filmen

Totenkopfäffchen ziehen in Trupps durch den Wald

Ihren Namen verdanken diese Äffchen ihrer eigenartigen Gesichtszeichnung, die ein wenig an einen Totenkopf erinnert. Diese Affen sind nur 30 Zentimeter klein und zierlich gebaut. Ihr Schwanz ist mit 40 Zentimetern länger als der Körper. Sie leben gesellig in häufig großen Trupps von hundert oder mehr Tieren. Totenkopfäffchen benutzen ganz bestimmte Wechsel durch das Blättergewirr, also sozusagen Straßen in den Baumkronen. Ihre Nahrung setzt sich aus Blättern, Früchten und Insekten zusammen. Diese Affen haben im Verhältnis zum Körpergewicht das größte Gehirn unter allen Affenarten. Damit können sie die vielen Informationen verarbeiten, die nötig sind, um im Geäst sicher springen zu können.

Anrüchig

Auf den ersten Blick wird Dir sicher komisch vorkommen, dass Totenkopfäffchen ihren Urin regelmäßig über die Hände laufen lassen und sich damit Füße und Fell einreiben. Damit legen sie auf ihrem Weg durch die Baumkronen jedoch eine deutliche „Duftstraße", um ihr Territorium zu markieren. Die Brasilianer nennen sie deshalb Geruch-Affen.

Vor der Abgottschlange müssen sich die Affen hüten

Winzig klein: Zwergseidenäffchen

Die kleinsten Affen der Welt sind die Zwergseidenäffchen. In der freien Natur bekommst Du sie allerdings wohl nie zu Gesicht, da sie fast ihr gesamtes Leben in den Baumkronen verbringen. Daher ist über ihre Lebensweise noch wenig bekannt. Allerdings werden sie von den Bewohnern des Amazonas-Regenwaldes ab und zu als Haustiere gehalten.

Sie sind wahre Winzlinge, denn selbst ausgewachsene Tiere erreichen eine Größe von höchstens 16 Zentimetern bei einem Gewicht von 85 Gramm – sie wiegen also weniger als eine Tafel Schokolade! Ihr Schwanz ist demgegenüber mit 18 cm sehr lang, denn die Tiere brauchen ihn, um beim Klettern auf dünnen Zweigen das Gleichgewicht zu halten.

In Menschenobhut werden die Kerlchen recht zutraulich. Besonders interessant ist, dass ihre Nahrung zum größten Teil aus Baumsäften besteht. Um an diesen süßen Saft heranzukommen, nagen sie mit Zähnen im Unterkiefer die Rinde an. Daneben fressen sie auch noch ab und zu Insekten, Spinnen, Baumfrösche, Vogeleier und Jungvögel sowie Blätter, Knospen und Früchte bestimmter Pflanzenarten.

Zwergseidenäffchen gehören zur Gruppe der Krallenaffen, besitzen also schmale, krallenartig verlängerte Nägel an den Fingern und Zehen. Bei einer Bedrohung können sie ihre kleine Kopfmähne aufrichten. Ihre Stimme klingt wie ein zartes, hohes Zwitschern und erinnert an den Gesang von Heuschrecken und Grillen. Besonders niedlich sind ihre Babys: Ein Neugeborenes ist so winzig wie der kleine Finger eines Mannes!

Ist dieses fünf Wochen alte Zwergseidenäffchen nicht putzig?

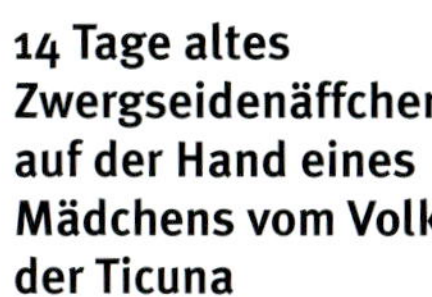

14 Tage altes Zwergseidenäffchen auf der Hand eines Mädchens vom Volk der Ticuna

Das Zweifinger-Faultier ist ein Kletterkünstler

Ein Leben in Zeitlupe

Schau einmal in die Baumwipfel – dort, hoch oben im Geäst hängt doch etwas? Es sieht aus wie ein Haufen toter Blätter, bewegt sich aber, wenn auch wie in Zeitlupe. Wenn Du das Fernglas zu Hilfe nimmst, siehst Du, dass da ein Tier tatsächlich kopfunter an einem Ast entlanghangelt. Es hat ein langhaariges, grobes, gelblich braunes Haarkleid, und an seinen Füßen sind sichelförmige Krallen wie Bootshaken zu erkennen: Bei Zweifinger-Faultieren vorne pro Fuß zwei und hinten drei, bei Dreifinger-Faultieren an Vorder- und Hinterfüßen je drei. Der kleine, runde Kopf ist kaum breiter als der Hals, Ohren sind nicht zu erkennen. – Ah, jetzt wendet das Tier Dir sein Gesicht zu: Es ist flach und weißlich, der Mund scheint immer zu lächeln. Nun bewegt es sich wieder, aber immer nur ein Bein. Du hast es natürlich längst erkannt: Es ist ein Faultier!

Eine Welt im Fell

Der Pelz des Faultiers ist ein wichtiger Lebensraum für viele andere Lebewesen. So zählten Forscher im Fell eines Exemplars 978 Käfer aus vier verschiedenen Arten, neun Nachtfalterarten, sechs Zeckenarten und zehn Milbenarten. Die Raupen der Nachtfalter ernähren sich von den Hautschuppen. Später verpuppen sie sich im Pelz und fliegen schließlich als erwachsene Schmetterlinge davon. Während der Regenzeit wachsen sogar Grünalgen im Pelz des Faultiers, wodurch es zusätzlich getarnt ist.

Jungtiere sind wirklich allerliebst! Dieses hier wächst bei Ureinwohnern auf.

Die Langsamkeit dieser Tiere ist sprichwörtlich. Ich habe einmal beobachtet, dass eine Mutter, die zu ihrem Baby „eilte“, für eine Strecke von drei Metern knapp 30 Minuten brauchte.

Dieses merkwürdige Tier lebt als Einzelgänger und kommt nur sehr selten von seinem Nahrungsbaum herunter: zum Beispiel, um auf einen anderen Baum zu wechseln, wenn dies über das Geäst nicht möglich ist. Auch für den „Gang auf die Toilette“ steigt es auf den Urwaldboden hinunter. Dafür gräbt das Dreifinger-Faultier sogar ein Loch neben seinem Lieblingsbaum, dem Ameisenbaum, dessen Blätter seine Hauptspeise ausmachen.

Zwar machen sich viele Menschen über dieses Tier lustig, aber es ist an das Leben im Amazonas-Regenwald ganz hervorragend angepasst. Denn da seine Nahrung, die Blätter, nicht davonlaufen kann, hat es das Faultier nicht nötig, sich schnell zu bewegen. Es kommt im Regenwald fantastisch zurecht, indem es bedächtig durch das Geäst hangelt und damit seinen Feinden – wie dem großen Greifvogel Harpyie – meist verborgen bleibt.

Das Dreifinger-Faultier hat an Vorder- und Hinterfüßen jeweils drei Krallen

Fürsorgliche Froscheltern

Das Amazonasgebiet mit seiner hohen Luftfeuchtigkeit und stets gleich bleibenden Temperaturen bietet ideale Lebensbedingungen für Frösche, die einen ungeschützten, nur mit feuchter Haut bedeckten Körper besitzen. Mittlerweile haben Forscher allein aus dem brasilianischen Amazonas-Regenwald schon über 600 verschiedene Amphibienarten beschrieben, während es in ganz Deutschland nur 19 gibt.

Die meisten Froscharten sind nachtaktiv. Dann gehen sie auf die Jagd nach Insekten und kleinen Wirbeltieren, und dann hört man auch an den Nebenflüssen und Seen ihre vielstimmigen Laichkonzerte. Es sind die Männchen, die mit ihren Rufen ihr Revier markieren und die Weibchen zur Paarung anlocken.

Am aufregendsten sind zweifellos die farbenprächtigen und sogar tagaktiven Baumsteigerfrösche, von denen die meisten Arten kaum die Größe einer Ein-Euro-Münze erreichen. Ihren Laich, also die Eier, setzen kleine Arten meist auf Blättern ab, beispielsweise von Bromelien. Das sind Aufsitzerpflanzen, die auf Bäumen wachsen. Größere Baumsteigerfrösche laichen auch in Baumhöhlungen.

Ein Gelege umfasst dabei nicht wie etwa beim heimischen Seefrosch einige hundert Eier, sondern je nach Art nur zwei bis etwa 35.

Wie es der Artname schon sagt, können Variable Baumsteiger ganz verschieden gefärbt sein

Wunderschön ist auch der Gelbgebänderte Baumsteiger

Warum der Rotkopf-Baumsteiger so heißt, ist unschwer zu erraten

Dieses Männchen des Himmelblauen Baumsteigers transportiert seine Kaulquappen in ein Gewässer mit fließendem Wasser

Das Männchen bewacht bei den meisten Baumsteigerfröschen die Eier. Es bringt in seiner Blase sogar regelmäßig Wasser, damit der Laich nicht vertrocknet. Wenn nach rund einer Woche die Kaulquappen schlüpfen, lässt das Männchen sie auf seinen Rücken schlängeln und trägt sie so in kleinen Ansammlungen aus Regenwasser, wie sie sich beispielsweise in den Blattachseln von Bromelien bilden. Hier ernähren sich die Kaulquappen von Algen und den Larven von Insekten, bis sie sich schließlich zu kleinen Fröschchen umwandeln.

Baumsteigerfrösche haben noch einen zweiten interessanten Namen: Pfeilgiftfrosch. Der Schleim ihrer Haut ist nämlich giftig. Sie signalisieren dies Tieren, die sie möglicherweise fressen könnten, durch ihre leuchtend bunten Farben: „Friss mich nicht, ich bin giftig!“, sagen sie damit.

Viele Arten von Baumsteigerfröschen sehen je nach Herkunft unterschiedlich aus, was teils sogar dazu führte, dass sie mehrere deutsche Namen haben. Diese Art beispielsweise wird als Oranger Baumsteiger, als Gelbrückenbaumsteiger oder als Klecksbaumsteiger bezeichnet

Ein Grüner Riesengiftfrosch, der zu den Baumsteigerfröschen zählt, trägt seine Kaulquappen zu einem Mini-Tümpel

Bei Schlangen beispielsweise, die sich dennoch an so einem Fröschchen versuchen, löst das Gift brennende Schmerzen sowie Brechreiz aus – mit der Folge, dass der verschluckte Frosch wieder herausgewürgt wird. In größeren Mengen verursacht das Gift Nervenlähmungen, die zum Tod führen können. Der zitronengelbe Schreckliche Pfeilgiftfrosch (er heißt wirklich so!) häuft so viel Gift in seinem kleinen Körper an, dass er damit zehn erwachsene Menschen töten könnte. Für Menschen ohne Hautverletzungen sind Pfeilgiftfrösche allerdings nicht gefährlich. Denn wenn das Gift nur außen auf die Haut und somit nicht ins Blut gelangt, passiert gar nichts. Interessant ist auch, dass die Frösche das Gift

Warum „Pfeilgiftfrosch“?

Dieser Name kommt daher, dass manche Stämme von Ureinwohnern in Kolumbien und Ecuador sich das Gift einer bestimmten Pfeilgiftfroschart zunutze machen. Einige davon werden über einer Feuerstelle auf einem Rost erhitzt. Bevor die Frösche sterben, sondert ihre Haut einen weißlichen Schaum ab, der das Gift in hoch konzentrierter Form enthält. Nun werden Pfeilspitzen hineingetaucht und anschließend für die Jagd auf Affen, Faultiere oder Vögel verwendet.

Auch solche Makifrösche und unglaublich viele weitere Amphibienarten leben im Amazonas-Regenwald

nicht selbst produzieren, sondern es mit ihrer Nahrung aufnehmen, winzigen Ameisen, Käfern und Milben. Das Gift dieser Tierchen lagern die Frösche dann in ihre eigene Haut ein.

Manche Amphibienliebhaber halten und vermehren Pfeilgiftfrösche zu Hause in Terrarien. Weil sie dort mit ungiftigen Futtertieren ernährt werden, sind auch die Frösche selbst ungiftig.

Medizin aus Froschgift

Das Gift der Pfeilgiftfrösche ist für die Pharmaindustrie sehr interessant, also für Unternehmen, die Medikamente entwickeln. Forscher haben nämlich festgestellt, dass daraus zum Beispiel eine Arznei herstellen lässt, die sehr wirksam Schmerzen stillt.

Der Bauchflecken-Baumsteiger wird nur zwei Zentimeter groß

Fliegende Edelsteine

Wenn an einem sonnigen Morgen auf einer Lichtung rote oder orangefarbene Blüten zu sehen sind, etwa die von Helikonien, sind die kleinen Kolibris nicht weit. Sie haben nämlich zu dieser Tageszeit einen extrem hohen Bedarf an zuckerhaltigem, energiereichem Blütenektar. Jeden Tag müssen diese nur wenige Zentimeter großen Vögel bis zu 3.000 Blüten aufsuchen, um genügend Nektar aufzunehmen. Kolibris kommen von Nord- bis Südamerika in über 300 Arten vor, besonders viele leben aber in Amazonien.

Viele Kolibri-Arten haben im Lauf der Evolution jeweils spezielle Schnabellängen und Schnabelformen entwickelt, sodass nur sie an den Nektar bestimmter Blüten herankommen. Daneben benötigen sie auch eiweißreiche Nahrung wie Schmetterlingsraupen und andere Kleinstinsekten. Besonders gern stehlen sie auch die in Spinnennetzen gefangenen Insekten oder fressen die Spinne selbst.

Ein Flammenkolibri auf seinem winzigen Nest

Der Weißnackenkolibri schwebt über einer Blüte und steckt seinen langen Schnabel hinein, um Nektar zu trinken

Das Gefieder der Kolibris leuchtet metallisch, wie bei dieser Art, der Glitzer-Amazilie

Sie haben vor allem deshalb einen so hohen Energiebedarf, weil ihre Flugweise höchst aufwendig ist. Sie setzen sich nämlich nicht auf die Blüte, sondern „rütteln“ vor dem Blüteneingang. Sie schweben also auf der Stelle, mit einer extrem hohen Zahl von Flügelbewegungen von etwa 50 Schlägen pro Sekunde. Dabei stecken sie ihren Schnabel in die Blütenröhre hinein. Bei Kontakt mit dem Nektar formt die Zunge eine Art sehr schmaler Röhre, in die der Nektar automatisch aufsteigt. Man nennt das „Kapillareffekt“. Sehr dickflüssigen Nektar kann die Zunge auch umschließen. Im Schnabel wird er dann herausgepresst und geschluckt.

Betrachtest Du das metallisch glänzende, leuchtend bunte Gefieder der Kolibris, glaubst Du sicher, damit sollten sie eine leichte Beute beispielsweise für Greifvögel darstellen. Doch das Gegenteil ist der Fall! Die Vögel sind perfekt getarnt: Im Schatten glänzt es nicht, und die Vögel sind dort deshalb kaum zu sehen. Bei grellem Sonnenschein hingegen lösen die metallischen Farben den Körperumriss des Vogels förmlich auf, sodass Fressfeinde ihn auch hier kaum wahrnehmen können.

Blumenküsser

Wenn der Kolibri an der Blüte Nektar trinkt, sieht das ein wenig so aus, als würde er sie küssen. In Brasilien nennt man diesen Vogel daher auf Portugiesisch „beija-flor“, also Blumenküsser!

Weltrekordler!

Kolibris halten viele Rekorde: Als einzige Vögel können sie auch rückwärts fliegen und sie besitzen das im Verhältnis zum Körpergewicht größte Gehirn aller Tiere – es macht über vier Prozent aus, während es beim Menschen nur zwei Prozent sind. Sie führen die meisten Flügelbewegungen pro Sekunde aus, im Extremfall wie beim Balzflug können es 200 pro Sekunde sein! Noch viel mehr Spannendes über diese fantastischen Vögel kannst Du im Band „Kolibris“ aus der „Reihe mit der Eule“ nachlesen.

Eine haarige Angelegenheit

Auch wenn Du es vielleicht schon anders gehört hast: Die Vogelspinnen des Amazonas-Regenwalds sind nicht gefährlich

Vogelspinnen gibt es auf allen Kontinenten, besonders viele Arten jedoch im Amazonas-Regenwald. Sie finden in den Brettwurzeln der Riesenbäume, in Bromelien oder am Boden Nischen, die für sie als Wohnhöhlen geeignet sind. Die größten werden etwa 12 Zentimeter lang und erreichen eine Beinspannweite von 30 Zentimetern, die meisten Arten sind aber sehr viel kleiner. Vogelspinnen bauen kein Netz, sondern lauern ihrer Beute am Eingang ihres Unterschlupfs auf. Das können Käfer, Schaben, Skorpione, Heuschrecken, Frösche, kleinere Eidechsen und selbst einmal kleine Nagetiere sein.

Die Vogelspinne ergreift ihre Beute mit ihren Beißklauen, über die sie auch ein wirksames Gift sowie Verdauungssaft einspritzt, sodass das Körperinnere flüssig wird und aufgesaugt werden kann. Wenn ein vorbeikommendes Beutetier das Seidengespinst berührt, mit dem die Spinne die nächste Umgebung ihres Röhreneingangs auskleidet, bemerkt sie dies sofort und kommt hervor. Das machen wir Forscher uns zu Nutze, wenn wir Vogelspinnen zum Fotografieren aufspüren wollen. Wir stecken einen dünnen Zweig durch das Seidengespinst in die Wohnhöhle, und wenig später kommt die Vogelspinne heraus und inspiziert die Umgebung. So kann man sie gut aus der Nähe beobachten. Allerdings sollte man sich dabei ruhig verhalten, denn sonst läuft sie schnell weg.

Wieso „Vogel“spinne?

Vogelspinnen verdanken ihren Namen der Malerin Maria Sybilla Merian. Diese mutige, wissensdurstige Frau reiste vor mehr als 300 Jahren in den Amazonas-Regenwald nach Surinam im Nordosten Südamerikas. In einem Buch über ihre Erlebnisse malte sie eine große, dicht behaarte Spinne, die über einem toten Kolibri saß. Seit dieser Zeit tragen Vogelspinnen ihren Namen, obwohl sie wohl so gut wie nie einen Vogel erbeuten dürften.

Hier hat eine Baumvogelspinne im Regenwald von Ecuador einen Frosch erbeutet

Neben Vogelspinnen gibt es noch unzählige weitere Spinnen im Amazonas-Regenwald, beispielsweise diese sehr giftige Bananenspinne

Ihr Biss ist für Menschen nicht weiter gefährlich – der verursachte Schmerz ist mit dem nach einem Wespenstich vergleichbar. Bei Gefahr kann die Spinne aber auch so genannte Brennhaare an ihrem Hinterleib „ausklinken“ und sie mit den Beinen ihrem Angreifer entgegenschleudern. Die winzigen Härchen haben Widerhaken, die sich in der Haut eines hungrigen Räubers festsetzen und dort ein brennendes Gefühl verursachen.

Das Weibchen legt einige Zeit nach der Paarung je nach Art einige hundert Eier und spinnt sie zu einem Kokon ein, den sie von nun an in ihren Mundwerkzeugen trägt, bis die Jungen schlüpfen. Diese sind von Anfang an auf sich allein gestellt.

Eine Vogelspinne im Amazonas-Regenwald von Ecuador

Lecker!

Bei manchen Ureinwohnern gelten ausgewachsene Vogelspinnen als Delikatesse. Das erscheint Dir merkwürdig? Reine Gewohnheitssache! Schließlich verspeisen wir mit Hochgenuss beispielsweise Hummer und Krabben – die haben auch jede Menge Beine!

Blattschneiderameisen tragen Unmengen Laub in ihren Bau

Die wahren Herrscher

In den Regenwäldern Amazoniens sind nicht Jaguar oder Adler, sondern Ameisen die wahren Herrscher! Unter ihnen gibt es auch fleischfressende Arten. Weltweit verzehren solche Ameisen mehr Tiere als alle anderen Fleischfresser wie Löwen oder Tiger zusammen! Andere Ameisen sind reine Vegetarier, fressen also nur Samen oder andere Pflanzenteile. Und schließlich sind da noch Allesfresser.

Durch die Tätigkeit der Ameisen im Regenwald, ihre Nahrungsgewohnheiten und ihre Ausscheidungen wird der karge Urwaldboden um bis zu zehnmal fruchtbarer. Ihre Anwesenheit hat ganz wesentlich dazu beigetragen, dass der Amazonas-Regenwald so existiert, wie wir ihn heute kennen. Ameisen gibt es auf unserem Planeten bereits 100 Mal länger als uns Menschen. Sie gelten als extrem fleißig – deshalb leitet sich ihr Name von dem alten Wort „Emse" ab, denn emsig sein bedeutet fleißig sein.

Eine Blattschneiderameise kann das Mehrfache ihres Körpergewichts tragen

Ameisen haben in der langen Zeit, die sie bereits auf der Erde leben, interessante Lebensgewohnheiten entwickelt, die verblüffende Ähnlichkeiten zu

Hier sammeln Ameisen süßen Honigtau, den Zikaden ausscheiden

So viele!

Heute existieren weltweit mehr als 11.000 verschiedene Ameisenarten. Sie haben alle Lebensräume mit Ausnahme von Island, Grönland und der Antarktis besiedelt. In Deutschland gibt es etwa 120 Arten, aber allein auf einem einzigen Baumriesen im Urwald sind über 40 Ameisenarten nachgewiesen worden!

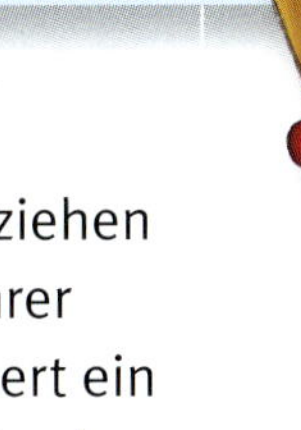

menschlichen Kulturen aufweisen. Es gibt Wandervölker, die umherziehen und auf ihren Streifzügen Blattläuse mitnehmen, bei denen sie zu ihrer eigenen Ernährung bei Bedarf zuckerhaltigen Kot melken. Das erinnert ein wenig an nomadische, also umherstreifende Hirtenvölker, die ihre Herden von einem guten Weideplatz zum nächsten treiben.

Manche Völker überfallen andere, wehrlose Ameisenvölker und stehlen deren Puppen. Das Puppenstadium ist ein Reifezustand, in dem sich die Larven zu erwachsenen Ameisen entwickeln. Die fremden Jungtiere werden mit den eigenen Duftstoffen ausgestattet und damit unterjocht, sodass sie als Sklaven für die Angreiferkolonie arbeiten müssen.

Schließlich gibt es sesshafte Gärtner, die Blattschneiderameisen. In einer perfekten Arbeitsteilung haben sie viele verschiedene Arbeitsschritte entwickelt, in denen geeignete Blattstücke ausgewählter Baumarten abgeschnitten und dann in ihren Bau gebracht werden, wo sie einem hier gezüchteten Pilz als Nahrung dienen. Von diesem Pilz wiederum leben die Ameisen. Bis auf die mit dem Blattschneiden verbundenen Tätigkeiten

Peng!

Die Gewehrkugelameise heißt so, weil ihr Stich so stark schmerzt wie eine Schussverletztung!
Einige Indianerstämme wie die Sateré-Mawé verwenden sie deshalb für ein Initiationsritual, das den Übergang eines Jungen zum Mann markiert: Der Junge muss einen Handschuh überstreifen, in dem sich solche Ameisen befinden. Den Schmerz der Stiche muss der Jüngling etwa zehn Minuten lang aushalten, ohne sich dabei etwas anmerken zu lassen.

Bau einer Kolonie von Blattschneiderameisen mit mehreren Millionen Mitgliedern

Futterration für eine Kuh

Ein einziger Staat von Blattschneiderameisen kann mehrere Millionen Tiere umfassen, die pro Tag so viel Nahrung in ihren Bau schleppen, wie eine ausgewachsene Kuh frisst. In einem Jahr werden von einer solchen Kolonie etwa 35 Tonnen Laub geerntet.

spielt sich das gesamten Leben der Winzlinge in ihrem unterirdischen Bau ab, der – wie eine Burg – aus tausenden von Kammern und Gängen besteht, dabei bis acht Meter in die Tiefe reicht und rund 50 Quadratmeter Fläche umfassen kann. Hierbei werden bis zu 40 Tonnen Erde bewegt – das entspricht 40 Autos. Der Bau liegt mitten im Regenwald, Baumwurzeln werden mit einbezogen.

Für all die vielen Arbeiten sind Kundschafter, Blattschneider und Transportarbeiter notwendig. Letztere tragen die Blattstücke wie ein grünes Segel in ihren unterirdischen Bau. So bewegt sich ständig ein nicht enden wollender Strom von Arbeitern vom Bau zu den Ernteplätzen und wieder zurück. Das Ganze ähnelt einer viel befahrenen Autobahn – nur Staus gibt es bei Ameisen nicht.

In einem nie endenden Strom bringen die Blattschneiderameisen die abgeschnittenen Blattstücke in ihren Bau

Wanderameisen haben gewaltige Kiefer, mit denen sie ihre Beute erlegen

Geschützt werden die Arbeiter von für ihre Art riesigen Soldaten mit mächtigen Kiefern. Im Bau gibt es schließlich Blattzerkleinerer, die die Blattstücke in hunderten von Kammern auf 1 Millimeter zerkleinern, sowie Blattzerkauer, Blattaufschichter und Säuberer. Weiterhin sind da die Impfer, die die Pflanzenmasse mit Impfstoffen gegen eingeschleppte Bakterien und gefährliche Pilze behandeln. Die Gärtner beißen die Pilzfäden ab, die die aufgehäufte Blattmasse überwuchern. An den Schnittstellen bilden sich eiweißhaltige, knollenartige Verdickungen. Diese werden schließlich von Erntearbeitern abgebissen und an alle Mitglieder des Staates verteilt.

In Aufzuchtkammern kümmern sich Babysitter und Kindergärtner um die Larven. Die Eier legende Königin bewohnt eine eigene Kammer. In ihrem über zehn Jahre währenden Leben kann sie bis zu 100 Millionen Eier legen. Befruchtungsfähige männliche Ameisen gibt es nur alle zwei bis drei Jahre für eine kurze Zeit, wenn tausende dieser beflügelten Männchen und ebenso viele beflügelte Jung-Königinnen aus speziellen Eiern schlüpfen. Sie alle fliegen aus und paaren sich in der Luft, doch nur sehr wenige der Jung-Königinnen überleben und gründen einen eigenen Staat. Die meisten werden von Vögeln, Echsen und anderen Feinden erbeutet. Die Männchen sterben ohnehin kurz nach der Paarung.

Auf ihren Raubzügen bilden Wanderameisen lebende Brücken

Die wohl berühmtesten Fische des Amazonas sind Piranhas

Piranhas leben im Schwarm

Unter Wasser

Nicht nur in den Baumwipfeln oder am Boden des Regenwaldes leben viele interessante Tiere, sondern auch im Wasser des Amazonas und seiner Nebenflüsse. Bei einer Fahrt mit dem Boot kannst Du mit etwas Glück einige davon beobachten.

Spitze Zähne: Piranhas

Natürlich hast Du schon vom Piranha (sprich: Piranja) gehört, der oft als der gefräßigste und blutrünstigste Fisch des Amazonas dargestellt wird. Sein Name ist indianischen Ursprungs und kommt von „pira nja“. Das bedeutet auf Deutsch: „Fisch, der beißt“. Bei einem Kampf um die Beute geben sie Töne ab, die wie das dumpfe Bellen eines Hundes klingen.

Das eindrucksvolle Gebiss des Roten Piranhas

Allerdings wird seine Gefährlichkeit maßlos übertrieben, und fast alle Horrorgeschichten sind Märchen! Oft habe ich schon in einem Gewässerabschnitt gebadet, in dem auch Piranhas schwammen. Von den mehr als 30 Arten Piranhas gilt der bis 30 Zentimeter große Rote Piranha mit seinem spitzen Gebiss als die aggressivste. Seine Zähne sind größtenteils hinter seinen Lippen verborgen, sodass nur die Spitzen zu sehen sind.

Die Ticuna-Indianer verehren die Piranhas. Bei ihnen gilt es als schön, wenn sich die Jungen ihre Zähne so spitz feilen lassen wie das Piranha-Gebiss.

Ein weiterer beeindruckender Fisch ist der Arapaima, einer der größten Süßwasserfische der Welt. Er kann fast drei Meter lang werden und ein Gewicht von mehr als 150 Kilogramm erreichen. Als begehrter Speisefisch wird er häufig gefangen, doch große Exemplare müssen von zwei Männern getragen werden! Zum Atmen muss er auftauchen und Luft schlucken. In seiner zur Lunge umgewandelten Schwimmblase wird aus der Luft dann der Sauerstoff gewonnen. Seine Zunge ist dicht mit kleinen Zähnen bedeckt – so funktioniert sie wie ein zweiter Unterkiefer. Die Waldbewohner nennen den Arapaima „Pirarucu“, auf Deutsch „Roter Fisch“, da sich bei erwachsenen Exemplaren die bis zu handtellergroßen Schuppen am Hinterrand rot färben.

Ein Junge der Ticuna-Indianer mit abgefeilten Zähnen

Der Arapaima wird fast drei Meter lang!

Durch das Züngeln nimmt diese Anakonda wie alle Schlangen Duftstoffe auf. So findet sie Wasser, Beute oder einen Partner für die Paarung.

Die Große Anakonda lebt am und im Wasser

Kraftpakete: Anakondas

Mehrere Männer sind nötig, um selbst so eine nur mittelgroße Anakonda unter Kontrolle zu halten

Vor allem in ruhigen Seitenarmen des Amazonas lauern Anakondas. Sie zählen zu den größten und schwersten Schlangen der Welt. Im Extremfall werden sie 9 Meter lang, bleiben meist aber viel kleiner. Anakondas liegen stundenlang regungslos im Wasser und warten darauf, dass ein Beutetier vorbeikommt, beispielsweise kleine Tapire, Wildschweine, Schildkröten, Nager, Vögel oder auch Fische. Dann stoßen sie blitzschnell vor, beißen zu und umschlingen die Beute mit ihrem Körper. Jedes Mal, wenn das Opfer ausatmet, spannt die Schlange ihren muskulösen Körper noch enger um das Tier, bis es erstickt. Auf diese Weise überwältigen sehr große Exemplare selbst einen Jaguar oder einen zwei Meter langen Kaiman.

Wie alle Schlangen können Anakondas ihre Beute nicht kauen, sondern müssen sie im Ganzen verschlingen. Besonders dehnbare Bänder zwischen Ober- und Unterkiefer und die sehr elastische Haut ermöglichen es ihnen, selbst solche Tiere hinabzuwürgen, die weit dicker sind als sie selbst.

Im Vergleich mit der Männerhand siehst Du, wie gewaltig der Kopf einer Anakonda ist

Krokodilkaimane bewohnen große Teile des Amazonas-Tieflands

Im Dunkeln leuchtende Augen: Kaimane

Am Tag bekommt man Kaimane nur selten zu Gesicht, denn dann verstecken sie sich zwischen den schwimmenden Teppichen aus Wasserpflanzen. Wenn Du aber im Dunkeln mit dem Boot langsam an verkrauteten Uferzonen entlangfährst, dann leuchte einmal mit einer starken Taschenlampe zwischen die Uferpflanzen. Wenn der Scheinwerfer ein Paar orange strahlende Punkte erfasst, hast Du die Augen eines Kaimans im Blick, der nur mit seinem Kopf über Wasser auf Beute lauert. Am häufigsten sind Brillenkaimane, die meist zwei bis zweieinhalb Meter groß werden. Kaimane sind nachtaktiv. Die Jungen jagen Insekten und kleine Frösche, die Erwachsenen Fische, Schlangen, Schildkröten, Vögel und kleine Säugetiere.

Dieser einjährige Brillenkaiman wurde bei einem nächtlichen Ausflug vom Autor gefangen

In seinem ersten Lebensjahr erreicht ein junger Kaiman eine Länge von nur 35 cm. Bei Licht kannst Du Einzelheiten seiner Gestalt erkennen: den gefleckten, gelblich grünen Hautpanzer aus elastischer Lederhaut über verknöcherten Hornplatten, den kräftigen, langen Ruderschwanz, die Schwimmhäute zwischen den Zehen der Hinterbeine, den senkrecht stehenden

Mohrenkaimane sind gefährdet, da man sie wegen ihres Leders jagt

Ein Keilkopf-Glattstirnkaiman hat einen Fisch erbeutet

Pupillenspalt. Zwischen seinen Augen erstreckt sich eine Knochenbrücke wie ein Brillengestell, deshalb trägt er diesen eigenartigen Namen.

In seinem Maul kannst Du die vielen messerscharfen Zähne bewundern. Die Zähne dienen nicht zum Zerkleinern der Beute, sondern zum Ergreifen und Festhalten. Die Nahrung wird meist im Ganzen hinuntergewürgt.

Übrigens ist der Brillenkaiman für den Menschen nicht allzu gefährlich. Seit 1916 wurden 22 Bissunfälle mit diesen Tieren registriert, keine einzige Person kam dabei ums Leben. Dass Du in Gebieten, in denen diese Panzerechsen leben, dennoch sehr vorsichtig sein musst, versteht sich von selbst!

Neben Kaimanen lebt in Teilen der Amazonasregion auch das Orinoko-Krokodil. So kannst Du Echte Krokodile wie das Orinoko-Krokodil von Kaimanen unterscheiden:

Echte Krokodile

Der 4. Unterkieferzahn ist auch bei geschlossenem Maul zu sehen, weil er dann in einer seitlich offenen Furche des Oberkiefers liegt. Schnauze ist spitz.

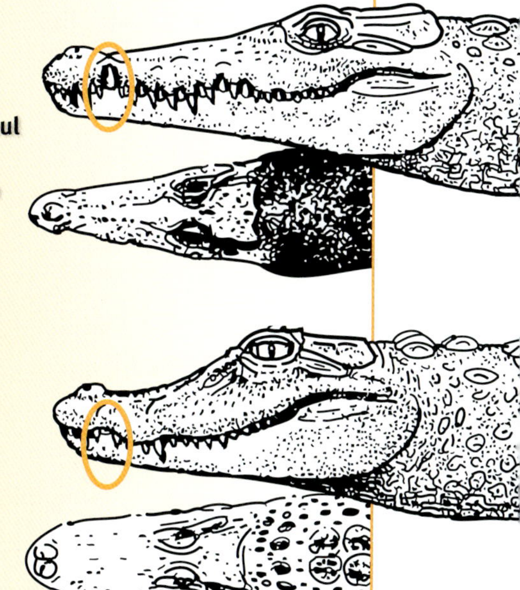

Kaimane, Alligatoren

Bei geschlossenem Maul sind keine Zähne des Unterkiefers sichtbar. Schnauze ist breit.

Der Rosa-Delfin hat den Amazonas als Lebensraum erobert

Freundliche Flusssäuger: Delfine

Delfine im Fluss? Delfine leben im Meer, das weiß doch jedes Kind! In Ostasien und im Amazonas gibt es aber auch Arten, die nur im Süßwasser vorkommen. In Südamerika ist das der rosafarbene Amazonas-Delfin, von den Brasilianern auch Boto genannt. Er erreicht eine Körperlänge von zweieinhalb Metern bei einem Gewicht von 200 Kilogramm, wobei die Männchen deutlich größer und schwerer sind als die Weibchen. Die Finne, seine Rückenflosse, ist nur als kleine Erhebung auf dem Rücken auszumachen.

Das Maul des Rosa-Delfins ist lang gestreckt, schnabelförmig und behaart. Seine Stirn ist eigenartig kugelförmig vorgewölbt. Die Augen sind im Vergleich zu Meeres-Delfinen winzig, denn diese Art lebt in trübem Wasser und braucht daher nicht gut sehen zu können. Wie alle Säugetiere hat auch der Rosa-Delfin Lungen und holt Luft durch sein Atemloch, das

Die freundlich schauenden Säugetiere werden über zwei Meter lang

quer auf seinem Kopf liegt. Besonders auffällig sind seine breiten Brustflossen, die ihm eine optimale Steuerung im Wasser ermöglichen. Auch die Schwanzflosse ist kräftig, sodass der Boto selbst gegen die kräftige Strömung des Amazonas vorankommt. Als einzige Delfinart besitzt er verschiedene Zahnformen. Mit seinen doppelten Reihen spitzer Zähne vorne in Ober- und Unterkiefer packt er seine Beute, mit breiteren Zähnen im hinteren Bereich kann er große Fische kauen oder Panzer aufknacken. Auf seiner Speisekarte stehen über 50 verschiedene Fischarten sowie Schildkröten.

Ein Rosa-Delfin wird gefüttert

Am häufigsten trifft man den Boto dort, wo die dunkel gefärbten Schwarzwasserflüsse in den vom Schlamm der Anden hell gefärbten Amazonas münden. An diesen Stellen stoßen die Fische aus dem um bis zu drei Grad wärmeren und sehr sauren Schwarzwasser auf das kühlere Amazonaswasser. Sie sind dadurch zunächst einmal wie betäubt und werden so zur leichten Beute für die Delfine.

Manche Familien von Einheimischen füttern die Botos von ihren Hausbooten aus regelmäßig mit Fisch. So kann man sie an den Menschen gewöhnen, mit ihnen schwimmen und sogar ihre lederweiche Haut berühren.

Interessant ist auch das Fortpflanzungsverhalten dieser Tiere. Die erwachsenen Männchen schmücken sich gern mit Stöcken, die sie mit sich herumtragen, um den Weibchen zu imponieren. Tatsächlich sind die auf diese Weise aufgeputzten Männchen erfolgreicher in ihrem Werben um die Weibchen, denn sie paaren sich häufiger mit ihnen.

Wie ein U-Boot

Ihre Beute orten Botos in dem trüben Amazonaswasser mit einem Sonarsystem, wie es ähnlich auch für U-Boote entwickelt wurde. Dazu geben sie Töne im für uns nicht hörbaren Ultraschallbereich ab. Treffen die Schallwellen auf einen Gegenstand unter Wasser, so werden sie zurückgeworfen. Der Delfin kann so Entfernung und Beschaffenheit des Gegenstandes erkennen.

Gemütliche Riesen

Ein weiterer liebenswerter Flusssäuger im Amazonasgebiet ist der Amazonas-Manati, eine Seekuhart. Diese Tiere werden fast drei Meter lang und können knapp eine halbe Tonne wiegen. Sie leben oft in kleinen Familiengruppen von vier bis acht Exemplaren und fressen ausschließlich Wasserpflanzen. Das einzelne Junge, das ein Weibchen zur Welt bringt, bleibt bis zu zwei Jahre lang bei der Mutter.

Verspielte Gemeinschaftswesen: Riesenotter

Ein Junge spielt mit einem zahmen Riesenotter. Ganz ungefährlich ist das allerdings nicht, denn die großen Raubtiere haben ein starkes Gebiss und viel Kraft!

Einer der quirligsten Bewohner der Amazonas-Region ist der Riesenotter. Er kann über zwei Meter lang werden, wovon der Schwanz etwa 70 Zentimeter ausmacht.

Riesenotter leben gesellig in Familiengruppen von meist drei bis acht Tieren, manchmal aber auch bis zu zwanzig Exemplaren, die alles gemeinsam tun: Sie schlafen, spielen, jagen und fressen zusammen. Ihr Revier verteidigen sie gegen andere Gruppen.

Untereinander verständigen sich die geselligen Otter durch eine Vielzahl verschiedener Laute. Sie erkennen sich gegenseitig schon von Weitem an den hellen Flecken auf der Kehle, die bei jedem Exemplar ein bisschen anders aussehen. Damit die anderen Otter diese Flecken auch gut sehen können, recken sie ihren Hals- und Brustbereich bei Begegnungen weit aus dem Wasser empor.

An das Leben am und im Wasser sind Riesenotter hervorragend angepasst. So besitzen sie einen extrem dichten Pelz, damit das Wasser nicht bis auf die Haut vordringen kann. Außerdem haben die Tiere einen ruderartig abgeflachten Schwanz und sogar Schwimmhäute zwischen den Zehen. Auf diese Weise ausgestattet, schießen sie auf der Jagd nach ihrer Beute rasant durch das Wasser. Sie fressen vor allem Fische, aber auch andere Tiere wie Krabben und selbst junge Kaimane oder Schlangen.

Um ihre ein bis fünf Jungen zur Welt zu bringen, graben Riesenotter Höhlen mit mehreren Kammern in die Uferbänke.

Leider sind Riesenotter heute stark gefährdet, weil sie früher stark gejagt wurden. Außerdem werden ihre Lebensräume zunehmend zerstört.

Mutter Riesenotter ist mit ihren Jungen unterwegs

Dieser Riesenotter wird regelmäßig von den Einheimischen gefüttert. Hier bettelt er um seine Ration Fisch.

Hütte einer Caboclo-Familie an einem Nebenarm des Amazonas

Die Menschen des Regenwaldes

Die Amazonas-Region beherbergt nicht nur Pflanzen und Tiere, sondern auch Menschen. Die meisten davon bewohnen allerdings Großstädte wie Manaus. Aber auch direkt im Regenwald leben Menschen. Sie ernähren sich von den Früchten und Tieren des Waldes und von den Fischen der Flüsse. Es sind zum einen die Caboclos, meist kleine Menschen, nur etwa 1,60 Meter groß, mit brauner Hautfarbe und schwarzen Haaren. Caboclo bedeutet „von Weißen herkommend“, denn Caboclos sind die Nachfahren aus Verbindungen zwischen indigenen Völkern, also den Ureinwohnern, und den aus Europa eingewanderten Portugiesen.

Als zweite Bevölkerungsgruppe gibt es noch unterschiedliche Völker der Ureinwohner, die sich jeweils in ihrer Sprache und Kultur voneinander unterscheiden.

All diesen Menschen verschafft der Regenwald nicht nur ihre Nahrung, sondern er erfüllt noch viele andere wichtige Funktionen, etwa als Baumarkt und als Apotheke. Der Amazonas und seine Nebenflüsse bilden

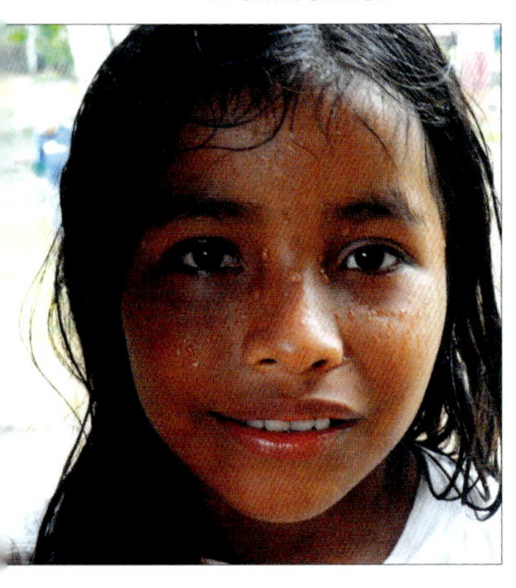

Links ein Caboclo-Mädchen, rechts ein Ureinwohner

Geschickt klettert dieser Mann zur Ernte der schmackhaften Früchte auf die Açaipalme

Ein Caboclo auf seinem Boot

Die meisten Häuser in der Nähe der Flüsse sind auf Stelzen errichtet

wichtige Verkehrswege, dienen oft als Waschmaschine und als Toilette. Wird der Wald abgebrannt und werden die Flüsse verunreinigt, gibt es für diese Waldbewohner keine Überlebenschance!

Die Caboclos leben entweder in kleinen Dörfern oder auch direkt am Fluss ganz allein mit ihrer Familie. Um ihre Hütte herum haben sie den Urwald gerodet und meist eine kleine Plantage mit Bananenstauden und der schlanken Açai-Palme angelegt. Die Bananen und vor allem die an Heidelbeeren erinnernden Früchte dieser Palme können sie nicht nur selbst essen, sondern sie lassen sich auch sehr gut verkaufen. Denn sie enthalten sehr viele Stoffe, die bewirken, dass der Körper nicht so schnell Alterserscheinungen zeigt.

Maniok-Wurzeln

Süßkartoffeln

Bananenstaude

Bananenblüte mit kleinen Bananen

Kakao-Frucht

Taro-Knollen

Guaven

Acerola-Kirschen

Açai-Früchte

Deshalb nennen die Caboclos die Açai-Frucht auch die „Frucht, die heilt“. Für einen Liter Saft erhalten sie bis zu 8 Euro. Daher wird diese Palme auch ehrfurchtsvoll als „das grüne Gold Amazoniens“ bezeichnet.

Das frische Mark der Açai-Palme, das ein bisschen wie Spargel schmeckt, wird als Palmenherzen ebenfalls gut verkauft. Im Wald sammeln die Caboclos beispielsweise die Früchte des Paranussbaumes. Manchmal haben sie auch ein paar Kakao-Bäume angepflanzt. Als Gemüsepflanzen geben die stärkereichen Maniok-Wurzeln und Süßkartoffeln eine gute Ernte, mit der man auf dem Markt ebenfalls gute Preise erzielen kann. Darüber hinaus halten Caboclos meist einige Hühner.

Die Haustiere der Menschen in der Amazonas-Region sind natürlich exotischer als bei uns. Hier ein Tukan.

Anglerglück: Dieser Mann hat einen Augenfleckbuntbarsch oder Tucunaré erwischt

Auf diesen Fotos siehst Du einige Fische, die am Amazonas gerne gegessen werden.
Nachtsalmler (Jaraquí)

Harnischwels

Silberdollar (Pacú)

Tigerspatelwels

Die meisten Caboclo-Familien besitzen ein Boot, gewöhnlich einen Einbaum, heute oft mit kleinem Außenbordmotor. Damit fahren sie auf den Fluss, um ihre Netze zum Fischfang auszuwerfen. Und Fische gibt es reichlich im Amazonas und seinen Nebenflüssen – man schätzt die Zahl ihrer Arten dort auf rund 2.000 bis 3.000, das ist mehr als in allen anderen Flüssen der Welt zusammengenommen! Zum Vergleich: In Deutschland leben weniger als 100 Fischarten.

An Haustieren halten Caboclos häufig Hunde sowie auch ab und zu unterschiedliche Tiere aus dem Wald, wie Sperlingspapageien, Aras, Schildkröten, Totenkopfäffchen, Boas und auch mal ein junges Faultier. Ältere gefangene Tiere landen hingegen im Kochtopf.

Mühlsteinsalmler (Tambaqui)

Hütte der Ureinwohner vom Volk der Ticuná

Die Herkunft der Ureinwohner des Amazonas-Regenwaldes ist sehr unterschiedlich. Deshalb hat auch jedes Ureinwohner-Volk seinen eigenen Namen, beispielsweise Xingu, Kayapó oder Yanomami. Heute wird ihre Zahl in Amazonien auf höchstens 350.000 Menschen geschätzt. Von den Europäern eingeschleppte Krankheiten wie Grippe, Windpocken, Masern und Geschlechtskrankheiten sowie Verfolgung und Versklavung haben ihre Zahl drastisch verringert. In Brasilien gibt es noch etwa 200 verschiedene Stammesgruppen. Sie alle haben ihre eigene Sprache und eigene kulturelle Bräuche, Traditionen und Tabus.

Durch europäische Missionare wurden viele von ihnen zum Christentum bekehrt. Andere glauben als sogenannte Animisten, dass die Natur beseelt ist. Das bedeutet, dass beispielsweise Urwaldriesen, Jaguar und Anakonda, Sonne und Mond, Blitz, Donner und Regenbogen wie Menschen eine Seele haben. Sie spielen eine wichtige, oft geheimnisvolle oder auch Wunder vollbringende Rolle im Leben der Ureinwohner.

Männer vom Volk der Dessano bei einem Fest

Nur noch wenige Gruppen leben unberührt und ursprünglich, ohne jeden Kontakt zur Außenwelt. Ihre Häuser sind teilweise noch aus dem Holz und den Palmwedeln ihrer Umgebung gebaut. Sie gehen noch

immer auf die Jagd mit Giftpfeil und Blasrohr. Allerdings gibt es immer weniger Beute wie Affen, Tapire, Faultiere, Jaguar und Vögel, da immer mehr dieser Tiere geschossen werden. Außerdem werden die Lebensräume dieser Tiere allmählich zerstört.

Mit dem Farbstoff der Urucú-Samen (Lippenstiftbaum) bemalen sich die Angehörigen des Yagua-Volkes (oben)

Wenn man als Tourist in die Amazonas-Region reist, trifft man am häufigsten Angehörige der Indio-Völker der Ticunás, Huitotos, Boras und Yaguas, die meist am Flussufer in kleinen Siedlungen leben. Diese Stämme haben sich schon vor geraumer Zeit in Teilen ihrer Lebensgewohnheiten an die westliche Zivilisation angepasst. Daher gibt es in ihren Dörfern beispielsweise aus Stein gebaute staatliche Schulen, elektrischen Strom für ein paar Stunden aus dem Generator, sogar manchmal kleine Solarstromanlagen.

Doch daneben praktizieren sie ihre traditionellen Feste mit Gesängen und Tänzen. Dazu legen sie ihre Alltagskleidung ab und bemalen ihren Körper mit überlieferten Farbmustern. Hier sind es vor allem zwei Farben, die traditionell verwendet werden: Der leuchtend rote Farbstoff Urucú wird aus den Samen des Annotto-Strauches gewonnen. Dieser Strauch heißt auf Deutsch auch Lippenstift-Strauch. Die Ureinwohner benutzen seine Samen zum Färben ihrer Haut und Haare.

Der Regenwald als Apotheke

Die Ureinwohner haben sehr gute Kenntnisse über die Heilwirkung der unterschiedlichsten Pflanzenarten. Dieses Wissen geben sie an ihre Kinder weiter. So gibt es pflanzliche Medikamente gegen Kopfschmerzen, Übelkeit, Durchfall, Wurmbefall oder blutende Wunden.

Der schwarzblaue Farbstoff stammt aus dem zerquetschten Fruchtfleisch des Genipapo-Baumes. Damit streichen sich die Ureinwohner traditionell vor allem die Handinnenflächen ein und tragen dekorative Muster auf Gesicht, Armen, Beinen und Oberkörper auf. Dieser Farbstoff sieht auf der Haut wie ein Tattoo aus und bleibt für zwei Wochen sichtbar, bevor er sich ablöst.

Eine Frau vom Volk der Huitoto hat ihre Hand (oben) mit dem Farbstoff der Frucht des Genipapo-Baums (unten) verziert

Dieser riesige Kapokbaum ist einige hundert Jahre alt. Da solche Bäume den Einheimischen als heilig gelten, werden sie glücklicherweise nicht gefällt.

Amazonas-Regenwald vor dem Aus?

Der Amazonas-Regenwald ist nicht nur für die dort lebenden Pflanzen, Tiere und Menschen wichtig, sondern er ist auch einer der bedeutendsten Wasserspeicher weltweit. Außerdem spielt er eine große Rolle dabei, das Klima weltweit stabil zu halten. Dennoch werden jedes Jahr gigantische Flächen gerodet oder abgebrannt, so viel wie drei Fußballfelder – pro Minute! Das Holz wird verkauft, das Land als Viehweide oder Ackerland zum Beispiel für den Anbau von Soja genutzt. Straßen durchschneiden die Lebensräume, Gifte aus dem Bergbau oder vom Goldwaschen töten alles Leben in den Flüssen.
Wir Menschen müssen diesen Raubbau am Amazonas-Regenwald unbedingt schnellstmöglich stoppen, sonst geht ein einzigartiger Lebensraum mit unschätzbar vielen Arten für immer verloren.

Großes Amazonas-Regenwald Quiz

Ich hoffe, das Lesen dieses Buchs hat Dir Freude bereitet! Jetzt bist Du ein richtiger Amazonas-Regenwald-Experte geworden und kannst Deinen Eltern und Freunden viel über diesen faszinierenden Lebensraum und seine Bewohner erzählen. Hast Du Lust, Dein Wissen zu testen? Dann kreuze bei jeder Frage die Antwort mit Bleistift an, die Du für richtig hältst. Manchmal sind auch mehrere Antworten korrekt. Auf Seite 64 findest Du die Lösungen. Ich wünsche Dir viel Spaß und Erfolg!

1) Welche beiden Flüsse sind die längsten der Welt?

a) Nil und Amazonas ❍
b) Rhein und Donau ❍
c) Mississippi und Missouri ❍

2) Was bezeichnet man als „Kathedralen" des Urwaldes?

a) Die Kirchen der Waldbewohner ❍
b) Die Fluchtburgen der Indianer ❍
c) Die Baumriesen ❍

3) Warum wachsen Aufsitzerpflanze in den Baumkronen?

a) Damit sie ausreichend Regen abbekommen ❍
b) Damit Fressfeinde sie nicht finden ❍
c) Damit sie möglichst nah am Sonnenlicht sind ❍

4) Sind Aufsitzerpflanzen Schmarotzer und schädigen den Baum, auf dem sie wachsen?

a) Ja, sie dringen mit ihren Wurzeln in seine Leitungsbahnen ein und ernähren sich von seinem Saft ❍
b) Nein, denn sie ernähren sich selbstständig ❍
c) Ja, denn sie zapfen ihm das Wasser ab ❍

5) Wie viele Baumarten können auf einer Regenwaldfläche wachsen, die etwas größer ist als ein Fußballfeld (100 x 100 m)?

a) 15 ❍
b) 150 ❍
c) 450 ❍

6) Wie viele Baumarten wachsen auf einer gleich großen Waldfläche in Deutschland?

a) 1 ❍
b) 10 ❍
c) 100 ❍

7) Warum ist der Amazonas-Regenwald mehr als einfach nur alle Pflanzen und Tiere für sich betrachtet?

a) Weil viele Pflanzen voneinander abhängig sind ❍
b) Weil viele Tiere voneinander abhängig sind ❍
c) Weil viele Tiere von bestimmten Pflanzen abhängig sind und umgekehrt ❍

8) Was ist eine Pionierpflanze?

a) Eine Pflanze, die einen neu entstandenen Lebensraum besiedelt ❍
b) Eine Pflanze, die über einen Fluss hinüberwächst ❍
c) Eine Pflanze, die über das geschlossene Kronendach hinauswächst ❍

9) Warum reiben die Totenkopfäffchen ihren Körper mit Urin ein?

a) Um damit ihr Revier zu markieren ❍
b) Um sich attraktiver zu machen ❍
c) Um ihre Fressfeinde abzuhalten ❍

10) Wie heißt die kleinste Affenart der Welt?

a) Nachtaffe ❍
b) Totenkopfäffchen ❍
c) Seidenäffchen ❍

An manchen Stellen kommen Rosa-Delfine herbei, um sich füttern zu lassen

11) Warum kann man Paranussbäume nicht in Plantagen anpflanzen?

a) Dort fehlen geeignete Lebensbedingungen .... ❍
b) Blattfressende Insekten vermehren sich zu stark .... ❍
c) Dort fehlen die Bienen, die sie zur Bestäubung ihrer Blüten brauchen .... ❍

12) Welche Tiere sind in der Lage, eine Paranuss zu knacken?

a) Wildschweine .... ❍
b) Agutis .... ❍
c) Faultiere .... ❍

13) Welche Pflanzenfarben verwenden die Ureinwohner?

a) Rot .... ❍
b) Weiß .... ❍
c) Schwarz .... ❍

14) Wie tötet eine Anakonda ihre Beute?

a) Durch Vergiften .... ❍
b) Durch Totbeißen .... ❍
c) Durch Ersticken .... ❍

15) Wie unterscheidet man Echte Krokodile von Kaimanen?

a) Nur Echte Krokodile schlafen mit offenem Maul ❍
b) Nur Echte Krokodile weinen Tränen .... ❍
c) Bei Echten Krokodilen sind zwei Zähne des Unterkiefers auch bei geschlossenem Maul zu sehen .... ❍

16) Warum hält sich der Rosa-Delfin gern an der Mündung von Schwarzwasserflüssen auf?

a) Dort kann er sich besser verstecken .... ❍
b) Er liebt das wärmere Schwarzwasser .... ❍
c) Dort sind Fische leichter zu fangen .... ❍

17) Was bedeutet der Name „Piranha“?

a) Roter Fisch .... ❍
b) Fisch, der beißt .... ❍
c) Gefräßiger Fisch .... ❍

18) Wovon ernähren sich Blattschneiderameisen?

a) von Blättern .... ❍
b) von Blattläusen .... ❍
c) von einem Pilz .... ❍

19) Woher stammt das Gift in der Haut von Baumsteigerfröschen?

a) Sie stellen es selbst in ihrem Körper her .... ❍
b) Aus giftigen Pflanzen, in denen sie sich wälzen . ❍
c) Aus Ameisen, Milben und anderen Tierchen, die sie fressen .... ❍

20) Wie viele Blüten besucht ein Kolibri jeden Tag?

a) 30 .... ❍
b) 300 .... ❍
c) 3 000 .... ❍

Lösungen zum Quiz

1) a: Nil und Amazonas sind die längsten Flüsse der Welt, wobei der Amazonas als noch etwas länger gilt.

2) c: Die Baumriesen werden auch Kathedralen des Urwalds genannt.

3) c: In den Baumkronen erhalten Aufsitzerpflanzen mehr Sonnenlicht, deshalb wachsen sie dort.

4) b: Aufsitzerpflanzen oder Epiphyten ernähren sich selbstständig und schädigen den Trägerbaum nicht.

5) c: Mehr als 450 Baumarten können auf einer Regenwaldfläche von 100 x 100 Metern wachsen.

6) b: In Mitteleuropa wachsen nur bis zu zehn Baumarten auf einer Fläche von 100 x 100 Metern.

7) a, b, c: Der Amazonas-Regenwald ist wie ein großes Lebewesen. Alle Pflanzen und Tiere hängen in irgendeiner Weise voneinander ab und beeinflussen sich gegenseitig.

8) a: Pionierpflanzen besiedeln neu entstandene Lebensräume

9) a: Totenkopfäffchen markieren ihr Revier mit Urin.

10) c: Seidenäffchen sind die kleinste Affenart überhaupt.

11) c: Die Blüten brauchen die Prachtbiene für die Bestäubung und die Prachtbiene braucht eine bestimmte Orchideenblüte für ihre Fortpflanzung. Beide gibt es nicht in Plantagen.

12) b: Nur Agutis können mit ihren Zähnen eine Paranuss aufbrechen.

13) a, c: Indianer verwenden die rote Farbe der Samen des Lippenstiftstrauches und den schwarzen Saft des Genipapo-Baumes zum Bemalen ihres Körpers.

14) c: Anakondas töten ihre Beute durch Ersticken.

15) c: Bei Echten Krokodilen ist ein Zahn auf jeder Seite des Unterkiefers auch bei geschlossenem Maul zu sehen.

16) c: Dort mischt sich Schwarzwasser mit Weißwasser, das ganz andere Eigenschaften hat. Die Fische werden in diesem Wassergemisch kurz wie betäubt und lassen sich daher leichter erbeuten.

17) b: Der Fisch, der beißt.

18) c: Blattschneiderameisen ernähren sich von einem Pilz, den sie auf Blattstückchen züchten.

19) c: Pfeilgiftfrösche gewinnen das Gift aus ihrer Nahrung, vor allem aus bestimmten Ameisen, Käfern und Milben.

20) c) Kolibris besuchen jeden Tag etwa 3.000 Blüten.

Zählen zu den buntesten Bewohnern der Amazonas-Region: Grünflügelaras

Entdecke die Reihe mit der Eule!

Entdecke die Eulen

Entdecke die Greifvögel

Entdecke die Geier

Entdecke die Rabenvögel

Entdecke die Spechte

Entdecke die Finken

Entdecke die Spatzen

Entdecke die Eisvögel

Entdecke die Zugvögel

Entdecke die Singvögel

Entdecke die Meisen

Entdecke die Kraniche

Entdecke die Störche

Entdecke Schwäne, Gänse & Enten

Entdecke die Möwen

Entdecke die Pinguine

Entdecke die Papageien

Entdecke die Kolibris

Entdecke die Fledermäuse

Entdecke die Hunde

Entdecke die Kühe

Entdecke die Pferde

Entdecke die Esel

Entdecke die Nagetiere

Entdecke die Igel

Entdecke die Maulwürfe

Entdecke die Waschbären

Entdecke die Biber

Entdecke die Otter

Entdecke heimische Wildtiere

Entdecke die Wölfe

Entdecke die Bären

Entdecke die Tiger

Entdecke die Menschenaffen

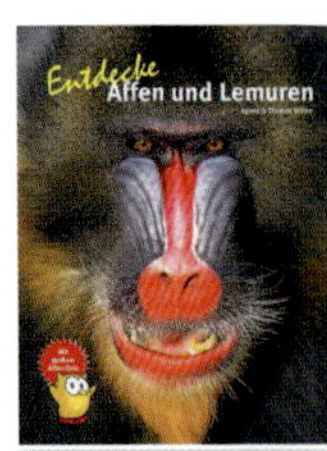
Entdecke Affen und Lemuren

Entdecke die Hyänen

Entdecke die Pandas

Entdecke die Elefanten

Entdecke die Nashörner

Entdecke die Erdmännchen

Entdecke die Beuteltiere

Entdecke die Robben

Natur und Tier - Verlag GmbH
An der Kleimannbrücke 39/41 · 48157 Münster
Telefon: 0251 - 13339-0 · Fax: 0251 - 13339-33
E-Mail: verlag@ms-verlag.de · www.ms-verlag.de